221

9306

Lecouteulx

AFFAIRE

DE

M. LECOUTEULX-CANTELEU

AVEC

LA BANQUE DE SAINT-CHARLES

DE MADRID.

9,306

PREMIER APERÇU DE L'AFFAIRE

TRIBUNAL
de
commerce de Paris.

POUR M. LECOUTEULX-CANTELEU, liquidateur de la maison de banque *Lecouteulx* et compagnie;

CONTRE la BANQUE SAINT-CHARLES de *Madrid, représentée par* M. MARTINEZ D'HERVAZ,

EN PRÉSENCE de M. AUGUSTIN QUENEAU, *négociant, ci-devant établi à Madrid.*

INTRODUCTION.

J'AI à me défendre, en 1805, des suites d'un acte par lequel MM. *Lecouteulx* et compagnie, solidairement avec d'autres banquiers et négocians, en 1791, cautionnèrent M. *Queneau* envers la banque

1

de *Saint-Charles*, pour un achat important d'effets publics.

Depuis long-temps, par le fait même de la banque, ce cautionnement solidaire n'existe plus : ses procédés inouis envers M. *Queneau, principal obligé,* une foule d'événemens de force majeure, dont elle est responsable, l'ont détruit sans retour ; il n'en peut plus résulter d'obligation contre aucun de ceux qui le souscrivirent : leur contrat est résilié. Il y aurait même, suivant M. *Queneau,* extinction de la dette cautionnée, au moyen des paiemens reçus, des préhensions faites, des restitutions et indemnités dues par la banque.

Cependant, et malgré la puissance de ces exceptions en droit, par honneur et par équité, il n'est pas de sacrifices que la maison *Lecouteulx,* dès l'origine, et moi son liquidateur, dans le cours de quinze ans, n'ayons voulu faire pour désintéresser la banque et lui rendre ses valeurs dans un compte de *clerc à maître.*

Ceux qu'en dernier lieu encore je proposais, étaient tellement raisonnables, que les conseils de la banque, à Paris, les avaient *acceptés.*

Si nous plaidons, c'est parce que les directeurs de cette compagnie ont apposé à leur *ratification* une clause que la prudence et l'intérêt de mon pays me défendaient également d'accorder.

Le procès s'engageant, la banque *Saint-Charles* a élevé ses prétentions à leur *maximum :* elle s'est dite *créancière* de 5 à 6 millions; elle en a provoqué la condamnation contre moi seul par voie de *solidarité,* quoique, personnellement, je n'aie jamais eu qu'*un quinzième* d'intérêt à la chose.

Je m'étais fait une loi, par égard pour la banque et pour le Gouvernement espagnol, de ne rien publier de tout ce que j'avais à dire contre cette hyperbolique provocation; mais on a fait insérer dans les journaux des articles qui tendent à lui donner quelque consistance.

Ce n'est pas d'aujourd'hui qu'une sourde malveillance a cherché à répandre contre moi d'injurieuses préventions sur cette ancienne affaire de la banque *Saint-Charles*, et à la présenter comme le régulateur de mes opinions en politique et en finance.

Déjà, pour tout homme sensé, mes principes et ma conduite sont justifiés, par la seule circonstance que je suis resté vis-à-vis de la banque dans le même état, exposé à toute la latitude de ses réclamations; quand il m'aurait été si facile, comme on va le voir, de me débarrasser d'elle à jamais par des dépôts en assignats ou en mandats, conformément aux lois.

Je ne demande pas que l'on me tienne compte de ce que jai fait pour conserver à la banque des valeurs plus réelles; quoique peut-être nul autant que moi n'ait été autorisé à lui appliquer des valeurs nominales; moi, resté seul sur pied des cinq individus originairement obligés envers la banque; moi, seul survivant de la maison *Lecouteulx* qui formait l'une des cinq têtes; moi que tous les millions réclamés par la banque menaçaient d'écraser un jour , et environné de ruines dans l'opération même négociée avec elle.

Rendu à tous mes droits par les exagérations et les poursuites de la banque, j'aurai à démontrer, sur le fond, que je suis désormais dégagé envers elle de la solidarité et de toute garantie; qu'il y a résiliation à mon égard du traité primitif, dont l'effet se réduit, pour la banque, à réclamer un compte de ce qui reste de la chose vendue.

Mon but, en ce moment, n'est que de présenter de simples aperçus, afin que l'on apprécie le mérite des oppositions mobilières dont la banque a frappé tous mes revenus, et dont je demande *la main-levée provisoire.*

Au lieu de ces poursuites rigoureuses, la banque, j'ose le dire, me devait quelque gratitude pour tout ce que j'ai fait dans la vue de sauver ses intérêts à travers les longs et terribles orages conjurés pour les anéantir.

Au lieu de ces défavorables impressions que l'on conçoit d'un débiteur discuté et obstinément rétentionnaire, on ne va voir en moi, j'aime à le croire, que le dépositaire fidèle, actif et zélé du gage de la banque; assez heureux pour lui avoir fait produire tout ce qu'il pouvait valoir; trop juste, trop délicat pour ne pas offrir restitution entière.

Dans le débat qui s'engage, je me trouve, moi que l'on prend pour point de mire, si singulièrement placé, que j'y joue plutôt le rôle de simple spectateur ou tiers saisi.

Presque tout le choc est entre la banque *Saint-Charles* et M. *Queneau*; M. *Queneau* principal obligé envers cette compagnie; M. *Queneau* persécuté, dépouillé par elle, plaidant sa libération absolue, et par contre-coup la mienne; M. *Queneau* saisissant entre mes mains le solde qui peut exister au crédit de la banque, dans mon *compte de clerc à maître*.

Je vais rendre compte des faits, non pas de tous ceux encore qui s'élèvent contre la banque, non pas avec tous les développemens encore qu'autoriserait son injustice, mais avec la précision et l'exactitude nécessaires pour que cette cause importante, si étrangement défigurée jusqu'ici, soit enfin connue sous les rapports qui la constituent.

FAITS.

Le 27 décembre 1790, M. *Queneau,* alors négociant très-accrédité, établi depuis vingt-cinq ans à Madrid, acheta de la banque *Saint-Charles* une masse de 7,400,000 livres environ d'effets publics de France. Des craintes sur notre révolution, suggérées par la diplomatie, déterminaient la banque à se défaire de cette propriété.

Aussi en stipula-t-elle le prix en monnoie d'Espagne, à 29,500,000 réaux de veillon, que M. *Queneau* s'obligea de payer par tiers dans l'espace de dix-huit mois.

Ce marché portait, d'après la proposition de M. *Queneau,* que le paiement serait garanti par MM. *Lecouteulx* et compagnie, et par M. *Magon de la Balue,* de Paris (1).

En effet, par acte passé devant *Trubert* et son confrère, notaires à Paris, le 13 janvier 1791, MM. *Lecouteulx* et compagnie, et M. *Magon de la Balue,* « se sont rendus et constitués CAUTIONS ET » GARANS du S.ʳ *Queneau* envers la banque *Saint-* » *Charles* (je transcris la clause), et se sont obligés

---

(1) Une société en participation entre les deux maisons de Paris, M. *Queneau* et deux maisons espagnoles, a depuis divisé entre nous par cinquième l'intérêt en cet achat.

» *solidairement* les uns pour les autres, un d'eux seul
» pour le tout, sous les renonciations requises, au
» paiement des 29,500,000 réaux de veillon, &c. »

Dans cet acte qui, comme on voit, malgré la clause de solidarité, n'est toujours qu'un cautionnement, MM. *Lecouteulx* et *Magon* avaient réservé à M. *Queneau*, et s'étaient réservé à eux-mêmes, comme garans solidaires, le recouvrement d'une somme de 411,458 livres, pour dividendes et intérêts des effets publics vendus, comme devant faire partie du marché.

A peine ces actes étaient-ils signés, que les incidens politiques, se pressant les uns sur les autres, vinrent, avec la création des assignats, exercer sur les changes l'influence la plus funeste pour les Français débiteurs à l'étranger. Il n'en fallut pas moins songer à réaliser, au 1.er juillet 1791, le paiement du premier tiers, soit 10,085,016 réaux de veillon : il en coûta aux intéressés plus de 60,000 piastres en sus du pair (1).

Aux approches du second terme, les changes s'étaient dégradés de plus en plus. Nulle possibilité désormais de faire des remises en Espagne, à moins de sacrifices énormes sur les valeurs qui étaient à

____

(1) Ceci éclaire sur les bénéfices nominaux qu'il avait été possible d'obtenir momentanément en assignats, par la revente des effets publics.

réaliser en France, sacrifices qui les auraient absorbées, et bien au-delà.

M. *Queneau* négocia avec la banque pour une première prorogation de terme : les circonstances étaient impérieuses ; il avait été bien impossible de les prévoir. Le principal obligé et ses cautions étaient jetés hors de toute mesure. La banque, qui ne pouvait se le dissimuler, n'en exigea pas moins qu'ils renonçassent à la réserve des 411,458 liv. de dividendes et intérêts compris au marché. *A ce prix,* les deuxième et troisième termes furent reportés aux 1.er janvier et 1.er juillet 1793, c'est-à-dire, reculés d'un an.

Dans ce nouvel intervalle, au lieu de l'amélioration espérée dans le cours des changes, tout concourut à les *abîmer* tout-à-fait : la chûte du trône des *Bourbon,* la coalition des puissances, l'invasion des Prussiens, les affreuses journées de septembre, la décroissance des assignats ; en un mot la bourse fermée, tout commerce avec le dehors, interrompu.

Au sein des plus vives alarmes, MM. *Lecouteulx* et compagnie n'oublient pas qu'ils sont, envers la banque d'Espagne, les *cautions* de M. *Queneau.* Les valeurs provenues du marché cautionné sont entre leurs mains : elles y sont intégrales, dégrevées d'*un tiers* de leur prix ; elles y sont en douze cent trente-quatre actions de rentes viagères *au porteur,* du

produit

produit de 334,740 livres, sur les trente têtes gé-
nevoises.

Le 10 septembre 1792, MM. *Lecouteulx* et compagnie déposent ces douze cent trente-quatre actions
entre les mains de M. *Ocariz,* représentant à Paris
de la banque *Saint-Charles.*

M. *Ocariz* leur délivre, de ce dépôt, un reçu par
duplicata. Un double sur-le-champ est adressé par
MM. *Lecouteulx* à la banque *Saint-Charles,* qui l'a
toujours gardé : l'autre double, encore aujourd'hui,
existe entre mes mains.....

Deux mois s'écoulent sur ce dépôt : M. *Ocariz,*
nommé de plus dans ces entrefaites le *chargé d'af-
faires* de la cour de Madrid à Paris; M. *Ocariz,* investi
à ce titre d'un *crédit illimité* chez MM. *Lecouteulx*
et compagnie, vient un matin, sur la fin d'octobre,
leur demander de mettre, *dans le jour,* à sa disposition, une somme de *deux millions de livres,* pour
une affaire secrète.

MM. *Lecouteulx* et compagnie, banquiers ordi-
naires du roi d'Espagne à Paris, chargés du paiement
de ses pensions, du traitement de ses ambassadeurs, et
des dépenses extraordinaires, sur levu des ordres dont
M. *Ocariz* est porteur, s'empressent de lui accorder
le crédit demandé. C'est avec la banque *Saint-Charles*
qu'ils auront à s'entendre de leur remboursement ou

indemnité : ainsi l'a réglé le cabinet de Madrid ; ainsi la banque *Saint-Charles* elle-même l'a consenti dès les premiers temps, et pour *toutes* les avances relatives au service de la cour.

L'affaire dont il s'agit, est la plus importante de toutes celles que le cabinet de Madrid ait à négocier en France. Elle porte sur un grand intérêt de famille : le sort de Louis XVI est mis en délibération ; l'alternative est agitée *de l'appel au peuple,* ou d'un jugement par la Convention.

Pour procurer à M. *Ocariz* les 2,000,000 disponibles, MM. *Lecouteulx* engagent à la caisse d'escompte, en rentes sur l'État, un capital de 2,343,811 livres : ce capital reste aliéné jusqu'au mois de prairial an 3.

Ce sacrifice de la maison *Lecouteulx,* aux desirs du monarque espagnol, est, on n'en saurait douter, connu de la banque *Saint-Charles* aussitôt qu'il a lieu ; elle n'en ignore pas l'objet : elle doit seconder les vues généreuses de son souverain.

Dans cette situation, la prorogation du deuxième terme sur le marché *Queneau* étant sur le point d'expirer, la banque électrisée se prête à une nouvelle négociation ; elle accorde à M. *Queneau,* par un concordat solemnel arrêté à Madrid le 13 janvier

(11)

1793 , *deux années et demie*, à commencer du 1.er janvier courant, pour se libérer.

Toutefois la concession de délai n'est pas gratuite; M. *Queneau* en achète le droit,

1.º Par le paiement actuel des intérêts échus, montant à 1,966,162 réaux de veillon ;

2.º Par 2,000,000 de réaux de veillon qu'il fournit en à-compte sur le capital restant dû ;

3.º Par l'obligation de servir les intérêts à écheoir pendant les deux années et demie ;

4.º Par un nouveau cautionnement qu'il donne à la banque, en la personne de MM. *Aguirre* et fils, banquiers espagnols.

Du moins M. *Queneau* doit-il, au moyen de tous ces avantages *retenus* par la banque, être invariablement assuré de jouir du délai de *deux ans et demi*, dans toute sa latitude, sans trouble ni molestation quelconque.

Malheureusement, peu de jours après la signature à Madrid du concordat du 13 janvier 1793, les choses changent de face du tout au tout; le procès de Louis XVI est instruit : malgré les efforts de M. *Ocariz*, il est jugé par la Convention ! il périt le *21 janvier*. M. *Ocariz* se retire de France précipitamment.

Dès le *26 février* 1793, un décret royal expulse

des royaumes d'Espagne tous les Français qui y sont établis; leurs biens sont mis sous le séquestre.

M. *Queneau*, comme Français, est enveloppé dans la mesure générale.

Mais M. *Queneau* est banquier.

Il a, dans toutes les places de l'Europe, des correspondances qu'il peut entretenir, en portant son établissement ailleurs.

Il a sur France des recouvremens certains qui s'élèvent à des sommes très-considérables, et dont il tirera grand parti en regagnant son pays.

Il est d'ailleurs reconnu sur les livres de la maison *Lecouteulx* comme propriétaire de trois cinquièmes dans la masse des effets publics achetés de la banque *Saint-Charles*.

M. *Queneau* a donc, plus que tout autre, des motifs pour se consoler de son expulsion.

Par suite, la banque *Saint-Charles* bien rassurée sur l'inaltérable probité de ce débiteur, si elle voit sainement, doit s'applaudir de ce qu'accidentellement l'acte d'autorité n'enlève à M. *Queneau*, en le déplaçant de Madrid, qu'une portion de son existence commerciale : elle doit desirer qu'il aille au plutôt en France réaliser tous ses moyens de solvabilité; elle doit l'aider dans sa retraite; elle doit....

Mais la fatalité en ordonne autrement; la banque

s'égare en des conceptions inverses : elle se persuade qu'en représailles des rigueurs exercées sur les Français en Espagne, la France va séquestrer tout ce qui appartient aux Espagnols sur son territoire ; elle voit déjà les sommes qui lui reviennent du marché des effets publics, tomber sous ce séquestre ; elle croit l'éviter, et contraindre MM. *Lecouteulx* à y soustraire les valeurs provenues d'elle, en retenant M. *Queneau* pour *otage* à Madrid.

Mesure fausse qui, seule, a tout perdu.

Déjà M. *Queneau* s'était mis en route pour France, sous la sauve-garde d'un passe-port tel qu'on le délivrait à tous les Français expulsés ; déjà il avait gagné Pampelune, lorsque la banque le fait arrêter dans cette ville, charger de fers et ramener à Madrid, sous escorte et sur un chariot où il est confondu avec des criminels.

M. *Queneau* est pendant quelque temps jeté dans un cachot.

Pendant quatre ans, on le retient prisonnier à Madrid.

Toute correspondance, toute gestion d'affaire lui sont interdites.

La banque s'empare de sa maison.

Elle fait vendre son mobilier.

(14)

Elle fait main-basse sur tous ses papiers, opère ses recouvremens, réalise ses valeurs.

Elle convertit en *valés* (1) près de 500,000 livres numéraire, et finit par appliquer à son compte des effets publics de France, tout l'actif dont elle s'est nantie.

Tout cela commence à s'opérer en mars 1793, sans égard pour le délai de *deux ans et demi*, auquel M. *Queneau* avait droit, puisqu'il l'avait acheté par des sacrifices.

Il est curieux d'entendre aujourd'hui la banque excuser tous ces actes arbitraires, toutes ces violations du pacte du 13 janvier 1793, par la supposition que la cédule royale d'expulsion avait constitué M. *Queneau en faillite.* J'observe, en passant, que si la banque, dans le temps, a fait résulter l'état de faillite, de l'ordre du roi, pour M. *Queneau seul,* c'est parce qu'elle y avait intérêt; c'est parce que, dans tous les cas de faillite, elle s'attribue le droit (2) assez extraordinaire d'être privilégiée sur tous les autres créanciers.

Ce singulier système a porté la banque à procéder aussi militairement à Cadix chez *MM. Lecouteulx, Desportes et compagnie.* Elle y a dépêché un commissaire *ad hoc*, à cause d'un million de réaux de

____

(1) Billets royaux, qui perdent aujourd'hui 60 pour cent.

(2) Ce droit est supposé ; la loi de son institution ne le lui accorde pas.

veillon en traites sur MM. *Lecouteulx, Desportes* et compagnie, que cette maison avait acceptées pour aider M. *Queneau* dans son paiement de 3,966,162 réaux. Ce commissaire a fait ouvrir, d'autorité, les portes des magasins de MM. *Lecouteulx,* et y a puisé ce qu'il a voulu, pour remplir la banque jusqu'à concurrence du million de réaux.

Je fais trève au recit des entreprises illégales de la banque en Espagne, pour en venir au tableau rapide des événemens non moins graves qui, en France, se sont succédés, *à la charge* de cette compagnie étrangère et au détriment de ses droits sur nous ses garans solidaires.

MM. *Lecouteulx* qui pressentaient les bouleversemens de l'anarchie, craignant de voir s'y engloutir avec eux les valeurs sur lesquelles reposait exclusivement la créance de la banque, avaient offert, *dès le 27 octobre 1792*, de lui transporter, par voie d'endossement, les douze cent trente-quatre *actions* viagères au porteur, valant 334,740 liv. de rente. Ils l'avaient offert à la suite d'un décret qui venait de soumettre au *visa* et à l'enregistrement tous les *effets au porteur.*

Plus récemment, et par une lettre du 24 février

1793, parvenue à Madrid peu de jours après l'arrestation de M. *Queneau*, MM. *Lecouteulx* avaient réitéré cette offre de transport en toute propriété à la banque.

Ils avaient été plus loin, et malgré la nouvelle reçue des mauvais traitemens dont M. *Queneau* était victime, MM. *Lecouteulx* n'aspirant qu'à satisfaire la banque autant que les circonstances le permettaient, et à retirer, par ce moyen, leur cautionnement, lui avaient adressé, coup sur coup, *cinq* nouvelles lettres, pour la bien avertir de leur périlleuse situation, et la mettre en demeure de reprendre les valeurs du marché.

Ces lettres si importantes dans la cause, sont des *30 mars, 2, 13 avril, 11 mai et 25 juin 1793.* MM. *Lecouteulx* y tracent, avec loyauté, le plan du compte de clerc à maître, par lequel ils entendent vider absolument leurs mains de tous les produits de l'opération.

Sur toutes ces instances, la banque garde le silence.

Au milieu de ses irrésolutions, surviennent les décrets des *16 et 26 août 1793,* qui, par représailles, frappent de séquestre tout ce qui appartient ou qui est dû aux Espagnols en France, et affectent les objets séquestrés *à l'indemnité des Français expulsés d'Espagne.*

Avant la promulgation de ces lois, MM. *Lecouteulx* font,

font, auprès de la banque, une dernière tentative. Dès le *28 du même mois d'août 1793*, ils lui écrivent pour lui proposer de transférer les 334,740 liv. de rente sous le nom de quelque ami *de pays neutre*.

Sa réponse fut évasive.

Bientôt la bonne volonté de MM. *Lecouteulx* est enchaînée. Des émissaires du comité de sûreté générale fondent sur leur maison de banque ; ils y compulsent tous les livres, arrêtent tous les comptes : partout sont faites les perquisitions les plus sévères ; les caves mêmes où l'on croit trouver tous les trésors de l'Espagne, sont fouillées.

Cinquante-deux jours consécutifs sont employés à cette expédition.

Dans le cours de ces cruelles journées, un dernier espoir de sauver les intérêts de la banque luit encore aux yeux de MM. *Lecouteulx*.

Sur leurs livres, que le paraphe révolutionnaire rend authentiques, M. *Queneau* est inscrit comme propriétaire pour trois cinquièmes des effets provenus de la banque.

M. *Queneau* est un des Français expulsés d'Espagne.

Victime à l'étranger, il sera inviolable en France.

Il aura droit au retrait de sa propriété.

Il aura même droit à l'indemnité promise par la loi de représailles.

3

Le point essentiel, c'est qu'il reparaisse sur le territoire français.

MM. *Lecouteulx* lui adressent, dans ce sens, *le 12 novembre 1793*, une lettre qui a été reçue par la banque.

Il était temps encore de relâcher M. *Queneau.*

Son propre intérêt devait y déterminer la banque. Elle n'en fait rien.

A la suite du scellé de cinquante-deux jours, M. *Laurent-Vincent Lecouteulx* et moi sommes arrêtés par un ordre du comité de sûreté générale, conçu en ces termes :

« Le comité arrête que les *nommés Lecouteulx*, &c.,
» ci-devant banquiers *espagnols*, AGENS DE CE PAYS,
» seront saisis par le C.^{en} *Ducange*, porteur du pré-
» sent, &c. »

Incarcérés pendant onze mois, et presque toujours à la Conciergerie, plusieurs fois nous avons été portés sur la liste des infortunés qui devaient recevoir leurs actes d'accusation : il en a même été dressé un qui nous mettait en jugement *avec madame Élisabeth.*

M. *Magon de la Balue*, notre co-obligé solidaire envers la banque *Saint-Charles*, incarcéré en même temps que nous, plus malheureux, a péri par la faux révolutionnaire.

En lui, nous avons perdu un auxiliaire dont la

fortune nous eût puissamment aidés à soutenir les valeurs du compte de clerc à maître.

M. *Laurent Lecouteulx*, un mois après sa sortie de prison, est mort des suites de sa longue et douloureuse détention.

C'est ainsi que, M. *Queneau* ruiné par la banque, M. *Magon de la Balue* assassiné et ruiné, M. *Laurent Lecouteulx* moissonné en peu de jours, je me suis trouvé, *seul* de tous les intéressés au marché de décembre 1790, exposé, avec des débris, sur une mer encore bien orageuse, sur-tout en finances.

Le séquestre sur les Espagnols subsistait toujours.

Pendant mon incarcération, il avait été exécuté par la saisie des rentes affectées à la banque *Saint-Charles*.

A peine fus-je libre, qu'on me força d'établir ma situation vis-à-vis de cette compagnie séquestrée.

Je remis à la trésorerie nationale, chargée par une loi expresse de le recevoir, mon compte avec la banque; je l'accompagnai d'un *précis historique* sur le marché de M. *Queneau*, sur les suites de ce marché; et à la faveur des exceptions que je déclinai, je me résumai par un *compte de clerc à maître*, dont le reliquat actif était, pour la banque, de *2,922,000 liv.*, à la charge des indemnités envers M. *Queneau* et MM. *Lecouteulx* de Cadix.

Ce reliquat a été accepté, pour la banque *Saint-Charles*, par la trésorerie nationale, qui a fait établir, sur l'universalité des rentes de notre maison , une coupure d'inscription montant à *292,240 liv.* de rentes *viagères.*

Il a été fait, par la République, retenue et confusion de cette rente ; aucuns arrérages ne m'en ont été payés alors.

Quatre années de ces arrérages ont été absorbées.

Il y eut bien, le 14 nivôse an 3, un décret qui levait les séquestres mis sur les étrangers ; mais par un article exprès , celui sur la banque *Saint-Charles* et celui sur la famille des *Bourbon* furent maintenus.

On ne crut pas même devoir le lever en exécution du traité de Bâle, du 4 thermidor an 3 , qui nous rendait la paix avec l'Espagne, quoiqu'il y fût formel.

Ce ne fut que le 18 pluviôse de l'an 5, qu'une loi spéciale remit la rente inscrite pour la banque à ma disposition, comme son seul correspondant connu.

A cette époque , M. *Queneau* était toujours prisonnier à Madrid.

Des relations de confiance se rétablirent entre la banque *Saint-Charles* et moi ; elle m'écrivit dans des termes qui semblaient remettre à ma foi la liquidation désormais si épineuse du marché *Queneau.*

Nous étions en intelligence si parfaite, que, dans un temps où le numéraire n'avait pas encore reparu, la banque m'avait déjà successivement confié 800,000 livres environ, en piastres, comme à son correspondant.

A quelque temps de là, M. d'*Hervaz* a été envoyé à Paris par la banque, à l'effet de s'entendre avec moi sur les meilleurs moyens de tirer parti des rentes retirées du séquestre.

M. *Queneau* ayant obtenu, enfin, de cette corporation, la faculté de revenir en France, j'ai profité de son retour pour faire une proposition d'arrangement dont on a voulu, au procès, se faire une arme contre moi.

Il s'agissait de combiner, sur les rentes provenues de la banque, une série d'opérations qui, dans le cours de trois années, devait les faire sensiblement fructifier. Nous avions besoin, pour cela, de pouvoir disposer, pendant trois ans, d'un capital numéraire effectif assez considérable. Nous demandions à la banque 100,000 piastres représentant plus de 500,000 livres écus.

En échange de cet avantage, nous nous faisions fort de payer à la banque, au bout des trois années, 12,000,000 de réaux de veillon.

Cette proposition mixte, conditionnelle, qui

contenait une sorte d'association de la banque à ontre
plan, n'ayant pas été acceptée (1), il est inoui qu'on
l'ait exhumée pour en faire la mesure de nos obligations actuelles.

Un pareil argument est d'autant plus dérisoire,
qu'immédiatement après le refus de la banque, est
survenue *la mobilisation des deux tiers* des rentes.

Alarmé de cette catastrophe et des irrésolutions
de la banque, devenues, depuis 1792, si funestes à la
liquidation, j'ai cru qu'il était de mon devoir de
sauver son gage malgré elle. J'ai employé les rentes
et bons de deux tiers en acquisitions de domaines
nationaux dans la Belgique.

Ici se termine le tableau des principaux événemens, qui, en France, ont soumis les droits primitifs
de la banque à tant de modifications.

Elle-même en a si bien reconnu les irrésistibles
effets, et les a tellement considérés comme lui étant
devenus personnels, qu'au mois de *prairial an 7*, elle
s'est pourvue par un mémoire *ad hoc*, à la *commission
des indemnités*, et a demandé au Gouvernement français de lui rembourser les pertes résultant du séquestre et des autres actes d'autorité qui avaient

---

(1) La banque renvoya, pour prendre sa résolution, *à la paix générale.*

détruit les moyens des cautions de M. *Queneau.*

Ce mémoire diplomatique est imprimé.

Il a reçu la sanction expresse de la banque *Saint-Charles ;* sa délibération solennelle m'a depuis été communiquée.

Maintenant, je dois dire, pour l'intelligence des procédures entamées jusqu'ici, que dès le *25 germinal de l'an 4,* M. *Queneau,* de Madrid où il était captif, avait fait former, entre les mains de MM. *Lecouteulx* et compagnie, une opposition à tout paiement comme à toute délivrance qu'ils auraient pu faire à la banque.

Les causes de cette opposition sont connues. M. *Queneau* en déduit une générale, *sa libération complète* envers la banque : cette libération, il l'induit des paiemens que la banque a reçus, de l'application qu'elle s'est faite de tout son avoir, des indemnités qu'elle a encourues par sa conduite illégale envers lui.

C'est à cette opposition de l'an 4 que remonte le procès ; elle est le premier anneau des procédures.

Huit années après, la banque *Saint-Charles* a imaginé de considérer l'acte de cautionnement du 13 janvier 1791, souscrit par MM. *Lecouteulx* et compagnie, comme un titre positif, qui lui donnait droit, non-seulement de prendre inscription sur

Procédures.

mes immeubles, mais encore de former opposition sur mes revenus, entre les mains de mes fermiers, locataires et débiteurs.

Elle a débuté par ces inscriptions et oppositions.

Elle a tenté d'en demander la validité *au tribunal civil*, et la condamnation contre moi seul, au paiement d'une somme principale de 5,079,206 francs.

De son côté, M. *Queneau*, comme titulaire du marché primitif, ayant droit à ses produits, et considérant la *participation* comme libérée envers la banque, m'a traduit au tribunal de commerce, pour me faire condamner à lui rendre compte des valeurs encore existantes en mes mains, et à les lui délivrer, sauf ensuite le partage entre les cinq intéressés.

Ainsi, pour raison du même fait, c'est-à-dire, pour raison des débris qui m'étaient restés de l'affaire, je me suis vu cité dans deux tribunaux différens, à la requête de deux contendans opposés, prétendant l'un et l'autre à la même chose : car l'objet de la dispute est un; c'est l'exécution du marché, exécution voulue dans l'intérêt de la banque, par le paiement de cinq millions que je ne pourrais effectuer que sur la chose; exécution voulue, dans le sens de M. *Queneau*, par le partage de cette même chose, qu'il soutient être dégrevée de toute dette.

Pour faire cesser ces tiraillemens inverses, j'ai
dénoncé

dénoncé à la banque *Saint-Charles* les opposition et demande de M. *Queneau*, fondées sur l'extinction de la dette.

J'ai décliné ensuite, vis-à-vis de la banque, la juri-diction du tribunal civil.

Un jugement contradictoire du tribunal de commerce a retenu la cause avec toutes les parties.

Depuis, la banque a spontanément reconnu sa compétence.

Les plaidoieries ont commencé.

Dès l'abord, la défense de M. *Queneau* a pris la direction naturelle que lui donnaient les actes arbi-traires exercés par la banque à Madrid, sur sa personne, ses biens et ses papiers. Il a articulé sa libé-ration comme principal obligé, et l'a fait résulter, tant des paiemens reçus, que des préhensions exer-cées, et des dommages et intérêts encourus par la banque.

Mais, pour donner à ses articulations le caractère de l'évidence légale, M. *Queneau* a observé que par le fait même de la banque, il se trouvait privé de tous ses papiers ; qu'ils lui étaient nécessaires pour établir la quotité exacte des paiemens faits à la banque, paiemens sur l'importance desquels la banque variait elle-même ; pour établir aussi la nature des persécu-tions et la gravité des dommages qu'il avait éprouvés.

4

M. *Queneau*, en conséquence, a conclu à ce qu'*avant faire droit*, la banque fût tenue de lui restituer ses papiers, notamment *ses pièces de décharge*, &c.

Quant à moi, témoin en quelque sorte de ce débat préparatoire, quoique très-intéressé à ce que les exceptions de M. *Queneau* acquièrent, aux yeux du tribunal, toute leur consistance, je me suis attaché, dans cet état d'ajournement presque forcé de la discussion sur le fond, à un provisoire que le droit et l'équité m'ont paru recommander également.

J'ai demandé qu'en attendant le jugement des contestations au principal, MAIN-LEVÉE PROVISOIRE me fût faite des oppositions *mobilières* formées par la banque sur mes revenus; *les inscriptions*, ou oppositions immobilières, *tenantes;* c'est-à-dire à la caution des fonds.

Je n'ai eu et n'ai encore à m'expliquer que sur cette demande provisionnelle.

DISCUSSION SUCCINCTE.

Je laisse à M. *Queneau* le soin de justifier ses conclusions préparatoires à fin de restitution de pièces, &c. On en conçoit la haute importance : elles sont pour moi-même, puisque j'y dois ren contrer la preuve que la créance de la banque est éteinte en totalité, ou du moins celle que, relativement à moi, tout lien de solidarité est brisé, par l'accumulation des actes arbitraires que la banque s'est permis contre mon coobligé solidaire.

Cette question de la solidarité détruite ou toujours subsistante, est, dans la cause, une question majeure et de premier ordre. Déjà, par les faits, elle est résolue pour les hommes impartiaux. On ne peut concevoir comment, après les dispositions arbitraires, violentes de la banque, qui ont ruiné M. *Queneau* et la participation, je demeurerais, moi, lié encore par ce rigoureux cautionnement solidaire.

On ne peut concevoir comment la banque ayant dilapidé la fortune et anéanti toutes les facultés de celui que ma maison de banque avait cautionné, aurait encore le droit de me retenir dans les liens de la solidarité.

Comment la banque, à la suite de tant de dévastations qui furent la plupart son ouvrage, à la suite de ces longs séquestres et confiscations qui n'eurent lieu que sur elle, qu'à cause de sa qualité hostile et par mesures de représailles, à la suite enfin de tant de sacrifices faits et de tant de pertes essuyées par MM. *Lecouteulx* sur les dépôts qui la concernaient;

comment la banque, disons-nous, serait encore rece-
vable à venir prétendre que les choses soient en-
tières, que sa créance et les qualités accessoires de
sa créance soient les mêmes qu'en 1791 !

De telles prétentions seraient vraiment intolé-
rables. La banque ayant détruit l'existence de M. *Queneau* contre lequel mes recours étaient ouverts pour
récupérer le déficit possible, est par cela même dé-
chue vis-à-vis de moi ; soit que je n'aie été que caution simple , soit que j'aie été caution solidaire ou
coobligé ; ainsi le décide l'article 2037 du Code civil.

Et il m'importe fort peu que dans ses exécutions
illégales contre M. *Queneau*, la banque ait obtenu
plus ou moins d'avantages : ce ne peut être ce ré-
sultat qui influe sur la question de solidarité.

Si c'est un point à me concéder dans l'hypothèse
la plus favorable à la banque, que moi, comme liquidateur de la maison *Lecouteulx* et compagnie, je ne
puis plus être tenu par voie de solidarité, que de-
viennent sous ce seul aspect et ses demandes de
millions et ses oppositions mobilières sur moi !

Si la créance de la banque désormais se divise
entre M. *Queneau* et ses *quatre* cautions quoique
solidaires, si j'en suis tenu au plus pour *un cinquième* , cette créance sera sur le provisoire, si
l'on veut, des 5,000,000 prétendus ; il n'y aura plus

de prétexte même plausible, pour laisser subsister plus long-temps les oppositions mobilières.

Mais indépendamment de ce que la rupture évidente de toute solidarité entre M. *Queneau*, ses autres cautions et moi, ruine seule ses oppositions mobilières, et en fait déjà ressortir le caractère vexatoire, que sera-ce si, dans la rigueur du droit, il faut aller jusqu'à dire que mon cautionnement ne subsiste plus même pour une partie, si j'en suis dégagé, même pour le cinquième dont ma maison de banque aurait été individuellement tenue, cessant la solidarité!

Il est évident qu'en ce cas, n'étant débiteur d'aucune somme, et n'ayant qu'un compte à rendre des produits de l'opération à qui il peut appartenir, aucune parcelle de mes revenus n'a dû être frappée d'oppositions.

Il est un troisième point de vue, sous lequel il faut provisoirement juger des titres et de la créance de la banque, des millions et de leur colossal assemblage.

C'est de savoir si de fait la banque a conservé, vis-à-vis de qui que ce soit, le droit de se dire créancière, et créancière du prix des effets publics par elle vendus à M. *Queneau*, quand, aux fautes innombrables commises en Espagne, par la banque, à l'occasion précisément des actes de l'autorité espagnole, l'on réunira les événemens de force majeure multipliés en France , et dont la banque a été la cause ou l'objet, il sera avéré pour tous que le contrat même primitif d'entre elle et M. *Queneau*, est, aussi bien que celui de cautionnement, dans le cas inévitable de la résiliation.

En droit politique comme en droit civil et commercial, en rigueur comme en équité, cette question encore éminente de la résiliation des contrats par le concours des faits de force majeure qui en ont rendu l'exécution impossible , s'établira facilement sur des bases inébranlables.

Eh! quels caractères plus dirimans la force majeure eut-elle jamais que dans l'espèce?

En Espagne, une expulsion des Français avec séquestre de leurs biens , c'est-à-dire une violation du *droit d'asile*, un attentat au droit des gens au premier chef ;

En France, un séquestre de représailles appliqué pendant quatre années, en grande connaissance de cause , aux valeurs déclarées par MM. *Lecouteulx* comme propriétés de la banque *Saint-Charles*, liquidation et inscription distincte de ces valeurs,

Je pourrais négliger tous les autres incidens qui se rattachent plus ou moins immédiatement à la banque *Saint-Charles*;

Tels, entre autres, ce crédit de deux millions

ouvert à M. *Ocariz* dans une occurrence si touchante et avec un si grand abandon, de la part de MM. *Lecouteulx*, en la loyauté espagnole;

Telle notre incarcération comme *banquiers de l'Espagne* et *agens de ce pays;*

La mort déplorable de M. *Magon de la Balue;*

Telles toutes ces mutilations financières des valeurs provenues du marché, dont le désastre est dû aux refus insensés de la banque d'entendre à nos loyales, courageuses et constantes propositions, à celle surtout de relâcher M. *Queneau, fin de novembre 1793,* mesure qui eût tout sauvé.

Que deviendra le titre, que deviendra la créance de la banque, quand une discussion profonde aura développé tous ces germes féconds et puissans de résiliation ?

Dès-à-présent n'est-il pas évident que les obligations *conventionnelles* de M. *Queneau* et de ses cautions ne subsistent plus ? qu'il est impossible de venir leur demander un prix fixe et en réaux de veillon ! N'est-il pas évident que tout se résout dans l'obligation *naturelle* de remettre à la banque ce qui peut rester des produits du marché ?

Voilà ce qui motive fortement le compte de clerc à maître.

Encore la banque ne sera-t-elle fondée à en exiger

de moi les résultats réels, qu'autant qu'elle aura fait juger contre M. *Queneau* qu'elle n'est pas remplie d'ailleurs; qu'autant que l'opposition de M. *Queneau*, entre mes mains, sera levée.

Je ne veux pas entrer ici dans le mérite de cette opposition de M. *Queneau* et des indemnités qu'il réclame : on l'a aperçue; elle est bien, par elle-même, quelque chose sur la question provisoire de main-levée des oppositions mobilières de la banque à ma charge.

Je ne veux pas non plus recueillir ici tous les argumens que me fournissent quantité de pièces dont j'aurai à faire usage sur le fond. Ce que je n'ai fait qu'indiquer dans ce premier aperçu, sera confirmé : ce que j'aurai à donner de développemens et d'instructions nouvelles, d'après la correspondance de la banque, d'après celle de M. *Queneau,* et des deux maisons espagnoles cointéressées avec nous, prouvera que jamais cause ne fut plus légitime que la nôtre ; jamais prétention moins favorable que celle de la banque.

Je ne m'attache plus qu'à la question provisoire ; et désormais bien assuré qu'on ne l'isolera pas des circonstances générales, je finis par la discuter sous ses rapports les plus simples.

La banque m'oppose des titres *apparens,* une créance *apparente.*   Mais

Mais aussi la banque a pris, sur tous mes immeubles, des inscriptions qui suffisent bien pour la rassurer : je ne lui en demande pas, quant à présent, la radiation, malgré que j'en aie le droit, d'après les novations faites à l'acte notarié de cautionnement qui les motive.

De ce côté la banque a de quoi se rassurer. Aux propriétés que j'avais reçues de mes pères , il est entré dans mon plan économique d'ajouter de grandes acquisitions , tant patrimoniales que nationales : la fortune que je me suis conservée, à travers les décombres de nos maisons de commerce, l'a été *toute* en immeubles, tant je craignais peu de la manifester et de l'exposer aux discussions de la banque.

Mon but, par la demande provisoire, est de pouvoir continuer ces actes de conservation et de bonification, dont la banque réussissant n'aurait qu'à s'applaudir : je veux seulement n'être pas molesté dans l'administration qui m'appartient, dans la perception de mes revenus qui , au surplus, périclitent et périssent dans ces entraves injurieuses, vexatoires autant qu'inutiles.

C'est sous ce rapport que j'envisage les titres et la créance que l'on allègue !

Les titres ! quels sont-ils ! L'acte de cautionnement du 13 janvier 1791 ! mais il a été modifié par des actes subséquens, notamment par le précieux concordat du 13 janvier 1793 , violé par la banque aussitôt que souscrit.

Mais cet acte de cautionnement n'est pas constitutif de la créance; il n'en détermine pas le montant *actuel*, il ne fixe pas le dernier état des choses.

Il a été suivi de nombre de paiemensà-compte.

Il fait si peu titre maintenant, que la banque s'est crue obligée de produire au tribunal *un compte courant*, en débit et crédit, sur cette négociation des effets publics de France.

C'est le compte courant *produit*, qui forme seul le vrai titre.

Mais il n'est reconnu ni par M. *Queneau*, ni par moi. Il est susceptible de vérification.

Donc, à proprement parler, la banque n'a *pas de titre* qui soit exécutoire par provision.

Par la même raison, la banque n'a pas de créance *positive* ni *certaine*, même en apparence.

Elle-même à l'audience, a été hors d'état d'en déterminer la somme au juste; elle a varié plusieurs fois sur la quotité, sur le nombre et la nature des paiemens reçus à-compte.

Rien d'ailleurs n'est moins *liquide* que cette prétendue créance.

(35)

Et certes, la masse des exceptions que M. *Queneau* et moi y opposons, suffit bien pour en méconnaître la liquidité.

De son aveu la banque a palpé de l'actif *Queneau* à Madrid, un boni qu'elle a dit être de 500,000 liv.; elle ne le défalque pas même dans cette proportion reconnue, et il se peut que le boni ait été beaucoup plus considérable.

Elle s'est emparée, au domicile de M. *Queneau*, de deux livrances sur la marine espagnole appartenant à M.ʳˢ *Lecouteulx* de Cadix, ensemble de 1,470,000 réaux de veillon dont elle ne compte pas non plus.

Elle doit remboursement et indemnité sur le crédit de deux millions ouvert à M. *Ocariz*, fin de 1792, à la caisse d'escompte, par ordre du roi d'Espagne.

Elle doit, dans son propre système, imputation provisoire des quatre années d'arrérages de rentes non payées pendant le séquestre, à cause d'elle, et non restituées depuis.

Mais ce qui complète la preuve que la créance, réclamée par la banque sur M. *Queneau* et ses cautions, n'est ni liquide, ni exigible en style *judiciaire*, c'est le recours *administratif* qu'elle a spontanément exercé, vis-à-vis du Gouvernement français, pour *faire liquider*

ses droits par la commission diplomatique des indemnités.

Enfin, puisque la créance de la banque n'était ni
certaine, ni liquide, il m'aurait été bien impossible de
parer à ses oppositions par des offres réelles ; et si elle
ne me mettait pas en mesure de pouvoir me libérer,
par cela même elle n'avait pas le droit de me saisir
par voie d'opposition mobilière.

Il demeure donc démontré que les oppositions
mobilières de la banque ne sont point fondées ;
qu'elles n'ont aucune cause légitime, et qu'un excès
de zèle, inexcusable dans ses écarts, les a seul ima-
ginées.

Et après tout, dois-je souffrir de ce que, par suite
des main-mises illégales de la banque sur la fortune
de M. *Queneau*, la cause au principal ne peut être
jugée sans tous ces préalables et toutes ces longueurs
dont je suis menacé ?

Ajouterai-je que cette manifestation subite d'in-
quiétude, ce surcroît de précautions tout-à-coup prises
comme pour mettre en sûreté les intérêts de la banque,
n'offrent qu'inconséquence et injure gratuite envers
moi ?

Inconséquence ; car enfin la banque a bien été sans
alarmes sur le sort de ses prétentions, pendant nombre

d'années; et loin de croire au danger dont on affecte-
rait la crainte, elle a eu en moi assez de confiance
pour me remettre plus de 800,000 livres en piastres,
à une époque où mes obligations envers elle étaient
les mêmes. Y a-t-il depuis plus de péril en la
demeure?

Injure gratuite; car quelle a été dans tous les temps
la conduite de MM. *Lecouteulx,* et la mienne person-
nelle, au sujet des valeurs représentatives du crédit
de la banque? Perpétuellement, depuis 1792, nous
avons offert de les lui transmettre par voie de vente
ou par voie de dépôt : nous l'avons, à bien dire,
harcelée pour la ressaisir de cette propriété : heu-
reuse, si elle eût eu le bon esprit d'en faire une fin,
dans un temps où la perte eût incomparablement été
beaucoup moindre. Perpétuellement aussi j'ai assiégé
la banque par des propositions d'arrangement, des
plans de liquidation, dont je conservais ou créais les
moyens, avec une activité et des efforts que la déli-
catesse et la soif d'une libération satisfaisante peuvent
seuls soutenir.

On a cherché à tourner contre moi, dans le
procès, cette imperturbable ardeur de sortir d'affaire
et de concilier : la raison me dit que des démarches
conciliatoires n'entraînent, dans les discussions re-
devenues inévitables, aucun préjugé; qu'il est peu

convenable de s'en prévaloir. Ma conscience, sans doute, avait besoin de ces expansions, qui, après tout, ne peuvent m'obliger, quand on m'a forcé de descendre dans l'arène judiciaire.

À présent qu'il s'agit entre la banque et moi de droits et non de sacrifices, sans me départir des dispositions équitables que mon caractère connu préférera toujours, ma résolution est bien prononcée de résister, par les moyens que la justice avoue, à tout ce qui aurait le cachet de la malveillance ou de l'exagération.

Signé LECOUTEULX-CANTELEU,

BERRYER, avocat.